大展好書　好書大展
品嘗好書　冠群可期

大展好書　好書大展
品嘗好書　冠群可期

【國際武術競賽套路】

⑤

棍術

國際武術聯合會　審定

李　杰／主編

殷玉柱／執筆

大展出版社有限公司

《國際武術競賽套路》編委會

主　　編：李　杰

副 主 編：嚴建昌　　　李雅佩

　　　　　吳　彬　　　黃凌海

執行主編：程慧琨　　　章王楠

編　　委：龐林太　　　馬春喜

　　　　　劉同為　　　李巧玲

　　　　　殷玉柱　　　張躍寧

　　　　　石原泰彥

　　　　　陳志中　　　馮宏芳

執 筆 人：李巧玲（長拳）　程慧琨（劍術）

　　　　　劉同為（刀術）　殷玉柱（棍術）

　　　　　張躍寧（槍術）

前　言

　　國際武術聯合會籌備委員會於 1985 年 8 月在中國西安市舉辦的第一屆國際武術邀請賽期間成立。1990 年 10 月在中國北京正式成立了國際武術聯合會。

　　經過十年的努力，國際武術聯合會已發展成擁有世界五大洲 83 個會員協會的國際體育組織，並於 1994 年在摩諾哥被國際體育單項聯合會接納爲正式成員，1999 年 6 月又在韓國漢城舉行的國際奧委會全會上得到國際奧委會的承認。從 1991 年起國際武術聯合會先後在中國、馬來西亞、美國、義大利和中國香港成功地舉辦了五屆世界武術錦標賽。

　　隨著國際武術運動的迅速發展，對武術競賽提出了更高的要求。爲此，中國武術協會受國際武術聯合會的委託，組織了部分會員協會的專家創編了新的國際武術競賽套路，包括長拳、劍術、刀術、棍術和槍術，經國際武聯技術委員會審定，並在 1999 年 11 月香港國際武聯代表大會上通過。現出版五個套路的書籍作爲向國際武術聯合會成立十周年的獻禮。

目　錄

5

6

動作名稱

第一段

第二段

圖1

第一段

1.預備勢

兩腳併步直立；右臂屈肘，右手握棍身後段置於體右側，棍身垂直，左手五指併攏貼靠左腿外側；目視前方。（圖1）

註：圖中實線表示右腳、右手和棍梢下一動的運行路線；虛線表示左腳、左手和棍把的運行路線。

11

圖 2-1

第一段

2. 弓步推掌

（1）上體微右轉；左手屈肘上抬經左腰側向斜前方推出，指尖向上，右手握棍後擺並平舉；目視前方。（圖 2-1）

12

圖 2-2

第一段

（2）右手握棍使棍梢向右後擺落。（圖
2-2）

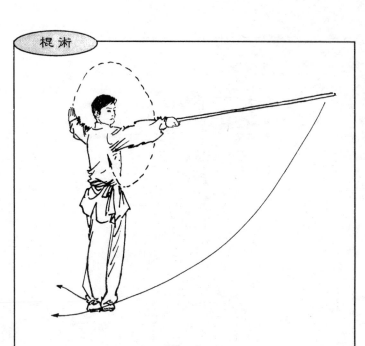

圖 2-3

第一段

　　（3）上體左轉；右手握棍隨體轉經右向左前方平擺，左掌經左向後平擺；目視前方。（圖 2-3）

圖 2-4

第一段

　（4）右腳向斜後方退步，身體右轉，右
腿屈膝；左手經上向下擺至右胸前，右手握棍
下落，棍梢觸地，棍把向右上方擺起；目視右
手。（圖 2-4）

15

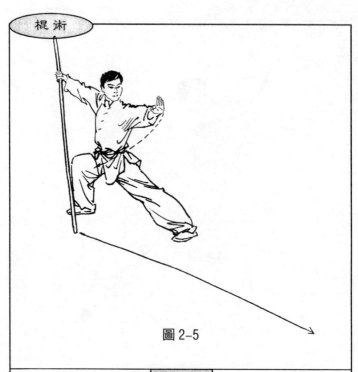

圖 2-5

第一段

　　（5）右腿屈膝，左腿伸直成右弓步；左
手向左前方推出，與肩同高，指尖向上；目視
左前方。（圖 2-5）

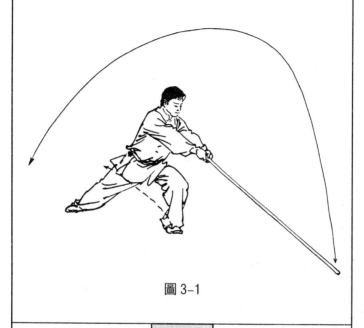

圖 3–1

第一段

3. 提膝側身點棍

（1）身體左轉，重心前移至左腿，腿微屈；右手握棍下落並使棍梢貼地向前伸出，左手附於右手內側；目視棍梢。（圖 3–1）

17

圖 3-2

第一段

（2）重心移至右腿並獨立支撐，左腿蹬
地後屈膝向上抬起，小腿內扣，腳面繃平；雙
手握棍經前向上、向右下擺落，上體向右斜
傾；目視棍梢。（圖 3-2）

圖 4-1

第一段

4. 左右點棍

（1）左腳向左前方落步，兩腿微屈；雙手握棍經上向左下擺落，棍梢觸地；目視棍梢。（圖4-1）

圖4-2

第一段

　　（2）重心微左移；雙手握棍經上向右下
擺落，棍梢觸地；目視棍梢。（圖4-2）

圖 4-3

第一段

　（3）重心微右移；雙手握棍經上向左下
擺落，棍梢觸地；目視棍梢。（圖 4-3）

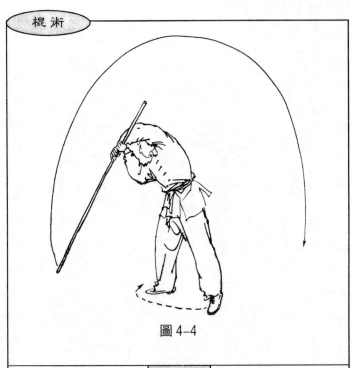

圖 4-4

第一段

（4）重心上起，左腳向右腳滑動，上體向右斜傾；雙手握棍經上向右下擺落，棍梢觸地；目視棍梢。（圖 4-4）

圖 5-1

第一段

5. 仆步摔棍

（1）重心右移，左腳向右前方上步，前腳掌著地；雙手握棍使棍梢經右向上、向左擺落；目視斜下方。（圖 5-1）

23

圖 5-2

第一段

　（2）以雙腳前腳掌為軸碾地，身體向右後轉；雙手握棍隨體轉經下向後擺起，雙手舉至頭上方。（圖5-2）

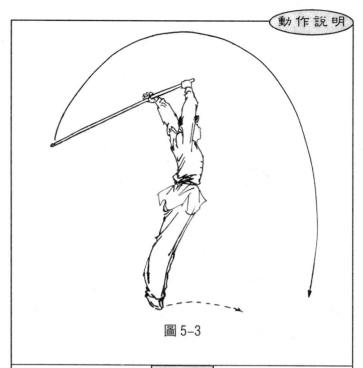

圖 5-3

第一段

（3）身體繼續右轉；腳跟抬起，兩腿直立；雙手握棍經上向下、向後在體右側立圓轉動，右手滑握棍把；目視前方。（圖5-3）

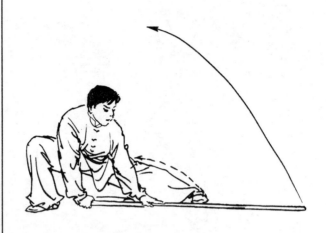

圖 5-4

第一段

（4）右腿屈膝全蹲，左腳上步，腳尖內扣，左腿伸直成左仆步；身體微右轉；雙手握棍經上向前、向下捽棍至左腿內側，左手按壓於棍身，上體微前傾；目視前下方。（圖5-4）

圖6-1

第一段

6.轉身掄棍

（1）重心上起。左腳向斜後方退步；右手向前滑握，雙手握棍向左後擺起；目視斜後方。（圖6-1）

圖 6-2

第一段

　（2）身體左轉，重心移至左腿；雙手握棍使棍梢隨體轉向左平掄一周；目隨視棍身。（圖 6-2）

圖 6-3

第一段

（3）右腳向前方上步，身體左轉；同時，雙手握棍使棍梢隨體轉經左向前平擺。（圖 6-3）

圖 6-4

第一段

（4）左腳向斜後方退步，身體繼續左
轉；同時，雙手握棍向左平擺。（圖 6-4）

圖 6-5

第一段

（5）身體繼續左轉，重心移至左腿；雙手握棍隨體轉向左平掄一周；目隨視棍身。（圖 6-5）

圖 6-6

第一段

（6）右腳向左前方上步，身體繼續左轉；雙手握棍隨體轉經左向前平擺。（圖6-6）

圖 6-7

第一段

　（7）左腳向斜後方退步，身體繼續左
轉；雙手握棍使棍梢向左平擺。（圖6-7）

圖6-8

第一段

　　（8）重心移至左腿，右腳向左後方退
步，前腳掌著地；同時，雙手握棍使棍梢向左
後平掄一周，棍身置於左肩上方；身體微左
轉；目視左前方。（圖6-8）

圖 7-1

第一段

7.轉身單手掄棍

（1）身體右轉，右腳向右前方上步，腳
尖外展；雙手握棍隨體轉棍身置於左肩上方；
目視斜前方。（圖 7-1）

35

圖 7-2

第一段

（2）身體繼續右轉，左腳向右前方繞上步，腳尖內扣，兩腿微屈；雙手握棍隨體轉平擺。（圖 7-2）

圖 7-3

第一段

　（3）身體右轉，右腳隨體轉向右滑動落
步，左腿微屈；左手離棍，右手握棍使棍梢隨
體轉向右平擺。（圖7-3）

圖7-4

第一段

（4）右手握棍使棍梢繼續經右向左、向前在頭部斜上方平掄一周。（圖7-4）

圖 7-5

第一段

（5）右手握棍臂內旋使棍梢繼續經右向後上擺起，左手後擺；目視前方。（圖7-5）

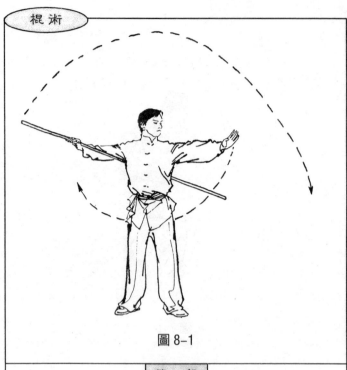

圖 8-1

第一段

8. 立舞花

（1）身體左轉，重心移至兩腿間；同時，左手經體側向上、向左前掄擺，右手握棍使棍把經下向上擺起；目視左手。（圖 8-1）

圖 8-2

第一段

　（2）身體左轉；左手經前向後掄擺，右
手握棍使棍把經上向前立圓轉動；目視前方。
（圖 8-2）

圖 8-3

第一段

　（3）右腳向前上步；右手握棍使棍把繼
續經下向後、向上立圓轉動，左手在胸前接握
棍身；目視前方。（圖8-3）

圖 8-4

第一段

（4）雙手握棍使棍梢在體左側向上擺起；目視前方。（圖 8-4）

圖 8-5

第一段

（5）上體微右轉；雙手握棍，左手向下擺落，右手隨之上抬使棍梢經前向下立圓轉動；目視前方。（圖 8-5）

圖 8-6

第一段

（6）左手上抬，右手下落使棍梢在體右側向後、向上立圓轉動；目視前方。（圖 8-6）

圖 8-7

第一段

（7）上體微左轉；雙手握棍，左手向下擺落，右手隨之抬使棍梢向下經體右側向後上立圓轉動，棍身置於右腋下；目視前方。（圖8-7）

註：圖8-2至圖8-7為舞花一次，共做四次。

46

圖 9-1

第一段

9. 轉身提撩花

（1）身體微右轉；雙手握棍，左手上抬，右手下落使棍梢向前立圓轉動；目視前方。（圖 9-1）

47

圖 9-2

第一段

　　（2）身體微右轉，左腳向前上步；雙手握棍使棍梢經上向下立圓擺動；目視前方。（圖 9-2）

圖 9-3

第一段

　　（3）雙手握棍使棍梢繼續經右腿外側向
上立圓擺起。（圖9-3）

圖 9- 4

第一段

（4）身體右轉，右腳向後退步；左手滑
握右手前，使棍梢經上向下立圓擺動；目視斜
下方。（圖9-4）

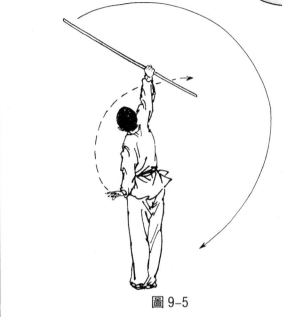

圖 9-5

第一段

（5）身體右轉，左腳滑步貼靠右腳；左
手離棍，右手握棍使棍梢經體左側向上擺起。
（圖 9-5）

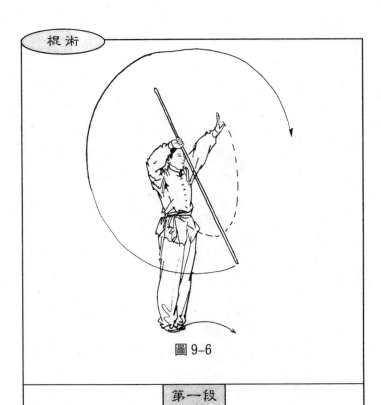

圖 9-6

第一段

　　（6）身體繼續右轉；雙腳掌碾動；右手握棍使棍梢經上向前、向下立圓擺動，左手上擺；目視前方。（圖 9-6）

圖 9-7

第一段

（7）身體右轉，右腳向前上步，腳尖外
展；右手握棍使棍梢經下向後、向上擺起，棍
身貼於背後，左手收至右胸前；目視前方。
（圖 9-7）

圖 10–1

第一段

10.擊步旋風腳

（1）左腳向前上步；左手前伸，指尖向
上；目視前方。（圖 10–1）

圖 10-2

第一段

（2）左腳蹬地跳起，右腳在空中與左腳
相碰；同時，左掌向前推出；目視前方。（圖
10-2）

圖 10-3

第一段

（3）右、左腳依次落地；目視前方。
（圖 10-3）

圖 10-4

第一段

　（4）身體左轉，右腳向前上步，腳尖微
內扣；右手握棍使棍把經後向上擺起，左手屈
肘收至右胸前；目視前方。（圖 10-4）

棍 術

圖 10-5

第一段

　（5）上體向左上方擰轉，右腿蹬直，左
腿向左上方擺起；左手隨體轉向左上方掄擺，
右手握棍使棍把經前向下擺落。（圖 10-5）

58

圖 10-6

第一段

　　（6）右腿蹬地跳起並直腿向上、向左擺
踢，身體在空中繼續左轉；同時，左手拍擊右
腳掌；目視左手。（圖 10-6）

59

圖 10-7

第一段

（7）身體在空中繼續左轉，兩腳同時落地。（圖 10-7）

圖 11-1

第一段

11. 弓步雲撥棍

（1）左腳向後退步；左手向前方伸出；
目視左手。（圖 11-1）

61

圖 11-2

第一段

　（2）身體左後轉；左手向前平擺，右手握棍隨體轉擺至斜下方；目視左手。（圖 11-2）

圖 11-3

第一段

（3）身體微左轉，右腳向前上步，腳尖
內扣；右手握棍使棍把向前擺起，左手在胸前
接握棍身。（圖 11-3）

圖 11-4

第一段

（4）身體微左轉，左腳向後退步；同時，雙手握棍使棍把經右向前平擺。（圖11-4）

圖 11-5

第一段

（5）身體繼續左轉，兩腿微屈；雙手握棍隨體轉經右向左在頭部上方平圓擺動並下落右肩上方；目視左前方。（圖 11-5）

圖 11-6

第一段

（6）身體左轉，左腿屈膝，右腿伸直成左弓步；雙手握棍經右向前撥棍，左臂伸直，右手收至左腋下；目視前方。（圖 11-6）

圖 12-1

第一段

12. 轉身單手掄棍

（1）身體微右轉，右腳向右前方上步，
腳尖外展；雙手握棍，臂微屈，棍身收至左肩
上方；目視左前方。（圖 12-1）

67

圖 12-2

第一段

（2）身體右轉，左腳向右前方繞上步，
腳尖內扣，兩腿微屈；雙手握棍隨體轉平擺。
（圖 12-2）

圖 12-3

第一段

（3）身體繼續右轉，右腳隨體轉向右滑動落步，左腿微屈；左手離棍，右手握棍使棍梢隨體轉向右平擺。（圖 12-3）

圖 12-4

第一段

　（4）右手握棍使棍梢繼續經右向左、向
前在頭部斜上方平掄一周。（圖 12-4）

圖 12-5

第一段

（5）兩腿微屈，右手握棍使棍梢經右下
向左後方擺動，棍身貼於背部，左手收至右胸
前。（圖 12-5）

圖 13-1

第一段

13. 上步點棍

（1）重心上起，身體左轉；右手握棍使棍把經下向前擺起，左手背附於棍身；目視前方。（圖 13-1）

圖 13-2

第一段

　（2）左腳蹬地跳起，右腿屈膝上抬，小
腿內扣；雙手握棍使棍把繼續經前向上擺起。
（圖 13-2）

73

圖 13-3

第一段

　　（3）左、右腳依次向前落地，右腳尖外展，身體右轉；雙手握棍使棍梢經上向右下在體前立圓擺動，棍梢觸地；目視棍梢。（圖13-3）

圖 13-4

第一段

（4）左腳向右腳斜前方繞上步，腳尖外
展；雙手握棍使棍梢經右向上、向左下在體前
立圓擺動，棍梢觸地；目視棍梢。（圖 13－
4）

圖 14-1

第一段

14. 仆步摔棍

（1）身體右轉，右腳向前方上步；雙手握棍使棍梢經後向上、向前擺起；目視前方。（圖 14-1）

圖 14-2

第一段

（2）左腳向前方上步；雙手握棍繼續向
下擺動；目視前方。（圖 14-2）

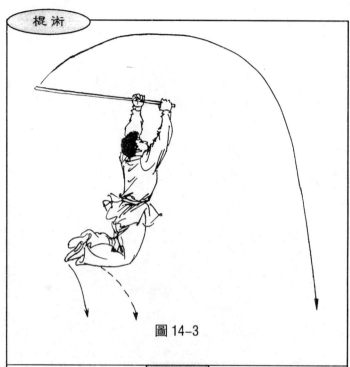

圖 14-3

第一段

（3）左腳蹬地跳起，雙腿屈膝後上擺；
雙手握棍經後向上擺起；目視前方。（圖 14-
3）

圖 14-4

第一段

　（4）雙腳落地，右腿屈膝，左腿伸直成左仆步；雙手握棍經上向前下摔棍至左腿內側，左手按壓棍身；目視棍身。（圖14-4）

圖 15-1

第一段

15. 翻身弓步蓋把

（1）重心上起，身體微右轉；右手握棍
把向右上方提拉，左手向前滑握；目視棍梢。
（圖 15-1）

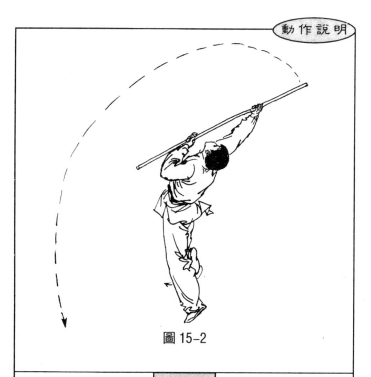

圖 15-2

第一段

　（2）左腿伸直並獨立支撐，左腳前腳掌
為軸，身體向左上方翻轉，右腳貼靠左小腿；
雙手握棍右手向前滑握隨翻轉棍把經下向前上
方擺起，挺胸展腹；目視棍把。（圖 15-2）

81

圖 15-3

第一段

（3）身體繼續左轉，左腿屈膝下蹲，右
腿向右側落步，腿伸直成左弓步；雙手握棍使
棍把經上向前下方擺落，棍把觸地；目視棍
把。（圖 15-3）

圖 16-1

第一段

16.震腳提膝挑把

（1）身體右轉，右腳抬起並向左腳內側
下落震踏，兩腿微屈；雙手握棍使棍把經前向
上、向右下擺動，隨即左手換握棍身，兩手虎
口相對。（圖 16-1）

83

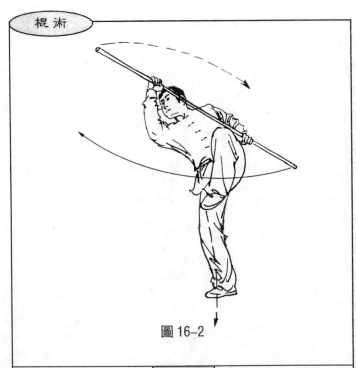

圖 16-2

第一段

（2）右腿伸直並獨立支撐，左腿屈膝向
上抬起，小腿內扣，腳面繃平；雙手握棍使棍
把經右腿外側向左上方挑擺。上體向左上方擰
轉；目視棍把。（圖 16-2）

圖 17-1

第二段

17. 轉身掄棍

（1）身體右後轉，左腳向左後方落步；
雙手握棍隨體轉使棍把經上向右擺落，左手向
棍前部滑握。棍身至頭部後方。（圖 17-1）

85

圖 17-2

第二段

（2）身體左轉，重心移至左腿；同時，左手離棍，右手握棍經左向後、向前平掄一周，左手隨即按握右手；目視前方。（圖 17-2）

圖 17-3

第二段

（3）右腳向左前方上步，身體左轉；雙手握棍隨體轉向前平掄。（圖 17-3）

圖 17-4

（4）身體左轉，左腳向斜後方退步；雙手握棍隨體轉經左向後、向右掄棍。（圖 17-4）

圖 17-5

第二段

（5）重心移至左腿，微屈膝，右腳向左
後退步，前腳掌著地；身體微左轉，雙手握棍
向左平掄一周，棍身置於左肩上方；目視左前
方。（圖 17-5）

圖 18-1

第二段

18. 轉身單手掄棍

（1）身體右轉，右腳向右前方上步，腳尖外展；雙手握棍隨體轉棍身置於左肩上方；目視前方。（圖 18-1）

圖 18-2

第二段

（2）身體繼續右轉，左腳向右腳前方繞上步，腳尖內扣，兩腿微屈；雙手握棍隨體轉平擺。（圖 18-2）

圖 18-3

第二段

（3）身體繼續右轉，右腳隨體轉向右滑動落步，左腿微屈；左手離棍，右手握棍使棍梢隨體轉向右平掄。（圖 18-3）

圖 18-4

第二段

（4）右手握棍使棍梢繼續經後向左平
掄，左手置於左側。（圖 18-4）

圖 18-5

第二段

　　（5）身體右轉，重心移至右腿，微屈膝；右手握棍使棍梢經前向右、向後平擺，左手經左向前擺至右胸前；目視前方。（圖18-5）

圖 19-1

第二段

19. 轉身掄棍

（1）身體左轉，重心左移；左手向左平
擺，右手握棍隨之平擺；目視左前方。（圖
19-1）

95

圖 19-2

第二段

（2）身體左轉，右腳向前上步；右手握棍向前平掄，左手在體前接握棍身；目視前方。（圖 19-2）

圖 19-3

第二段

　（3）身體繼續左轉，左腳向後退步；雙
手握棍經左向後掄擺並收至右肩上方；目視左
前方。（圖 19-3）

圖 19-4

第二段

（4）身體繼續左轉，右腳向前上步；同
時，雙手握棍隨體轉向左平掄一周半。（圖
19-4）

圖 20-1

第二段

20.掃棍旋子

（1）左腿後擺，隨即右腳蹬地離開地面後，右、左腳依次落地；同時，上體前俯，左手離棍下擺，右手握棍隨體轉經右向前掄擺。（圖 20-1）

99

圖 20-2

第二段

（2）上體平俯向左後方擰轉；同時，右
腿向後上方擺起；右手握棍繼續向左掄擺。
（圖 20-2）

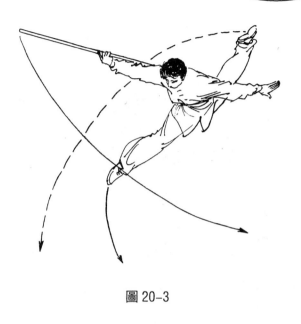

圖 20-3

第二段

　（3）左腳蹬地跳起並向後上擺起，在空中身體平旋；同時，右手握棍屈肘轉腕使棍在身體下方平掃。（圖 20-3）

圖 20-4

第二段

（4）右、左腳依次落地，上體直起；同時，右手握棍使棍梢繼續向右擺動。（圖 20-4）

圖 21-1

第二段

21. 坐盤抱棍

（1）身體左轉，重心移至左腿；右手握棍向前平掄，左手隨之接握棍身；目視前方。（圖 21-1）

103

圖 21-2

第二段

　　（2）右腳向前方上步，身體左轉；雙手
握棍隨體轉前擺；目視前方。（圖 21-2）

圖 21-3

第二段

（3）左腳向斜後方退步；同時，雙手握棍使棍梢向左後擺動。（圖 21-3）

圖 21-4

第二段

　　（4）身體左轉，重心移至左腿；雙手握棍隨體轉向前平掄；目視前方。（圖 21-4）

圖 21-5

第二段

（5）身體繼續左後轉，右腳尖貼地隨體
轉滑動，然後，兩腿交叉屈膝下坐，右腿收至
左腿下方成坐盤；同時，雙手握棍隨體轉經前
向左下掄擺，左手隨即向棍前部滑握，棍身橫
抱胸前；目視左前方。（圖 21-5）

圖 22-1

第二段

22. 轉身單手掄棍

（1）重心上起，身體右轉，右腳向右前方上步，腳尖外展；右手握棍，左手滑握至右手前，棍身收至左肩上方；目視右前方。（圖22-1）

圖 22-2

第二段

（2）身體繼續右轉，左腳向右前方繞上步，腳尖內扣，兩腿微屈；雙手握棍隨體轉平擺。（圖 22-2）

圖 22-3

第二段

（3）身體繼續右轉，右腳隨體轉向右滑動落步，左腿微屈；左手離棍，右手握棍隨體轉向右平擺。（圖 22-3）

圖 22-4

第二段

（4）右手握棍使棍梢繼續經後向左、向右平掄一周。（圖 22-4）

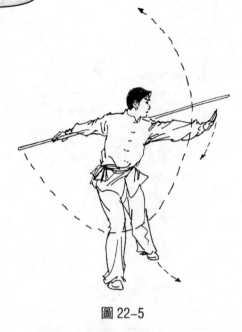

圖 22-5

第二段

（5）重心移至右腿，膝微屈；右手握棍
使棍梢經後向左擺動，棍身貼靠背部，左手向
下經體前向左前方推出；目視左前方。（圖
22-5）

圖 23-1

第二段

23. 上步撩棍

（1）左腳向左前方上步，腳尖外展；同時，右手握棍使棍把經下向左、向上擺起，左手下落接握棍身前部；目視左前方。（圖 23-1）

113

圖 23-2

第二段

（2）身體左轉，右腳向前上步；雙手握棍使棍把繼續經上向前下方擺動。（圖 23-2）

圖 23-3

第二段

（3）上體微向左上方擰轉；左手離棍，
右手握棍使棍梢經後向下、向右上方擺起；目
視斜上方。（圖 23-3）

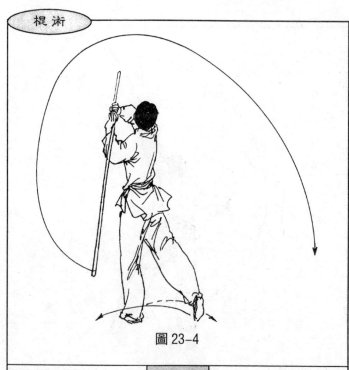

圖 23-4

第二段

（4）右手握棍使棍梢繼續經上向左、向下擺落，左手接握棍身。（圖 23-4）

圖 24

第二段

24. 半馬步劈棍

　　身體右後轉，兩腳蹬地微離地面後，左腳
向前，右腳向後同時換步落地，兩腿屈膝半
蹲；雙手握棍使棍梢經左向上、向前下方劈
落，棍把收至右腋下；目視棍梢。（圖 24）

117

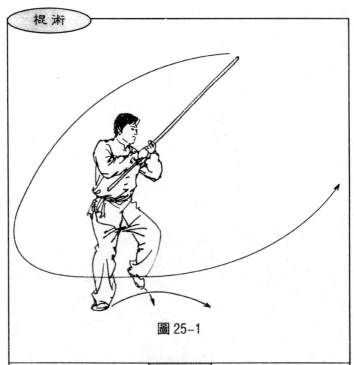

圖 25-1

第三段

25. 提撩舞花

（1）重心上起，左腳收至右腳前，微離
地面；同時，雙手握棍使棍梢經前向上擺起；
目視前方。（圖 25-1）

圖 25-2

第三段

（2）身體微左轉，左腳落地，右腳向前
上步，微屈膝；雙手握棍隨體轉使棍梢經上向
後、向前在體右側立圓轉動；目視前方。（圖
25-2）

圖 25-3

第三段

（3）雙手握棍使棍梢經上向後立圓轉
動；目視前方。（圖25-3）

圖 25-4

第三段

（4）身體微右轉；雙手握棍使棍梢經下
向前、向上在體左側立圓轉動；目視前方。
（圖 25-4）

圖 25-5

第三段

（5）身體微左轉；雙手握棍使棍梢經後
向下、向上在體右側立圓轉動；目視前方。
（圖 25-5）

圖 25-6

第三段

（6）身體微右轉；雙手握棍使棍梢經下
向前、向後在體左側立圓轉動；目視前方。
（圖 25-6）

註：以棍梢經過體右側計算次數，右、左
為一次圖 25-1 至圖 25-4，共做 5 次。

圖 26-1

第三段

26. 上步提撩舞花

（1）身體微左轉，重心前移，左腳向前上步；同時，雙手握棍使棍梢經下向前在體右側擺起；目視前方。（圖 26-1）

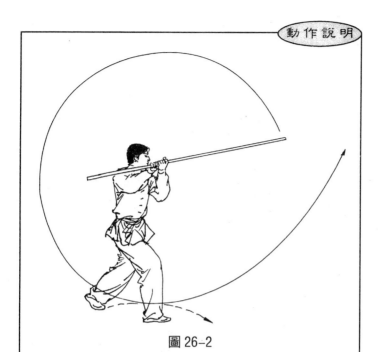

圖 26-2

第三段

　（2）身體微右轉，重心前移，右腳向前
上步；同時，雙手握棍使棍梢經上向後、向前
在體左側立圓轉動；目視前方。（圖 26-2）

圖 26-3

第三段

（3）身體微左轉，重心前移，左腳向前
上步；同時，雙手握棍使棍梢經上向後向前在
體右側立圓轉動；目視前方。（圖 26-3）

圖 26-4

　（4）身體微右轉，重心前移，右腳向前上步；同時，雙手握棍使棍梢經上向後、向前在體左側立圓轉動；目視前方。（圖 26-4）

127

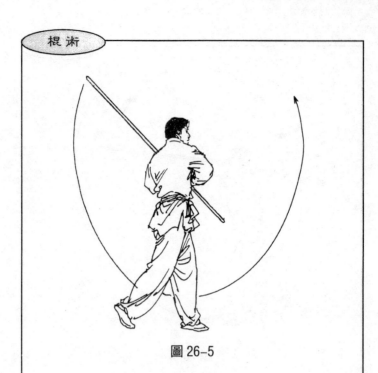

圖 26-5

第三段

　　（5）身體微左轉，左腳向前上步，腳尖
內扣；同時，雙手握棍使棍梢經後向前、向上
在體右側立圓轉動；目視前方。（圖26-5）

圖 27-1

第三段

27. 轉身劈棍

（1）身體右轉；雙手握棍使棍梢隨體轉向下、向上擺起，雙手舉棍過頭。（圖 27-1）

129

圖 27-2

第三段

（2）身體繼續右轉；雙手握棍使棍梢隨
體轉經上向前、向下擺動。（圖 27-2）

圖 27-3

第三段

（3）身體微右轉；雙手握棍使棍梢經後向上、向前在體右側立圓轉動下劈，棍把收至右腋下；目視前方。（圖 27-3）

圖 28-1

第三段

28. 轉身單手掄棍

（1）身體右轉，右腳向右前方上步，腳尖外展；雙手握棍，棍身擺至左肩上方；目視前方。（圖 28-1）

圖 28-2

第三段

（2）身體繼續右轉，左腳向右前方繞上
步，腳尖內扣，兩腿微屈；雙手握棍隨體轉平
擺。（圖 28-2）

133

圖 28-3

第三段

　　（3）身體繼續右轉，右腳隨體轉向右滑
動落步，左腿微屈；左手離棍，右手握棍使棍
梢隨體轉向右平掄。（圖 28-3）

圖 28-4

第三段

（4）右腳繼續向右滑動；右手握棍使棍
梢繼續經後向前平掄一周。（圖 28-4）

圖 28-5

第三段

（5）身體直起並右轉，重心移至右腿，左腳尖貼地向右腳滑動；右手握棍使棍梢隨體轉經右下向左上方擺起，棍身貼靠背部，左手收至左腰側，手心向上；目視左前方。（圖28-5）

圖 29-1

第三段

29. 弧行步裡合拍腳

（1）左腳向左前方上步，腳尖外展；身體微左轉，左手經胸前向左前方穿出，隨後臂內旋，虎口斜向下並向左平擺；目視左手。（圖 29-1）

137

圖 29-2

第三段

（2）身體微左轉，右腳向左前方上步，
腳尖內扣；左手繼續向左平擺；目視左手。
（圖 29-2）

圖 29-3

第三段

（3）身體微左轉，左腳向左前方上步，
腳尖外展；左、右手動作不變；目視左手。
（圖 29-3）

圖 29-4

第三段

（4）身體微左轉，右腳向左前方上步，腳尖內扣；左手繼續向左平擺；目視左手。（圖 29-4）

圖 29-5

第三段

（5）身體微左轉，左腳向左前方上步，
腳尖外展；左手向左平擺；目視左手。（圖
29-5）

141

圖 29-6

第三段

（6）重心移至左腿並獨立支撐，右腿向
左上方裡合擺踢，腳尖勾起並內扣；左手在面
前迎擊右腳掌；目視左手。（圖 29-6）

圖 29-7

第三段

（7）右腳下落，腳尖內扣；身體繼續左
轉，左手平舉在體左側。（圖 29-7）

圖 30-1

第三段

30. 弓步肩上背棍

（1）身體左轉，左腳向後退步，兩腿微屈；同時，右手握棍使棍把隨體轉經右向前、向左後弧行擺起。左手接握棍身；目視前方。（圖 30-1）

圖 30-2

第三段

（2）身體左轉；雙手握棍使棍梢隨體轉
向左平掄；目視左前方。（圖30-2）

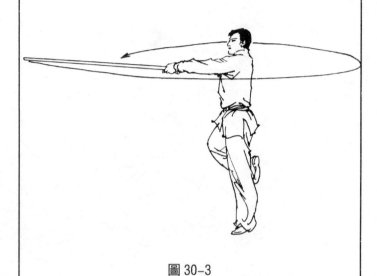

圖 30-3

第三段

（3）身體繼續左後轉，左腿伸直並獨立支撐，右腿屈膝，右腳貼靠左膝後部；雙手握棍隨體轉向左平掄。（圖 30-3）

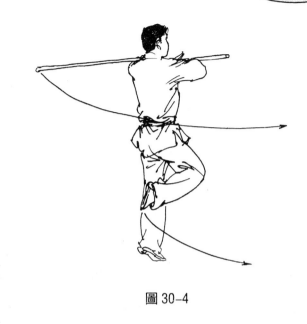

圖 30-4

第三段

　（4）以左腳前腳掌為軸，身體繼續左轉；雙手握棍隨體轉繼續向左平掄一周並收至左肩上方；目視前方。（圖 30-4）

圖 30-5

第三段

（5）身體繼續左轉，右腳向右落步，腿伸直，左腿屈膝半蹲成左弓步；雙手握棍，棍身置於左肩上，棍梢微高於肩；目視右前方。（圖 30-5）

圖 31-1

第三段

31. 涮腰掄棍

（1）上體左轉並微前俯；雙手握棍向左
後擺動；目視前方。（圖 31-1）

149

圖 31-2

第三段

（2）身體右轉，重心右移，上體微前俯；同時，左手離棍，右手握棍隨體轉經左向右平掄。（圖 31-2）

圖 31-3

第三段

（3）重心左移，左腿屈膝；右手握棍隨重心移動經後向左平擺。（圖31-3）

圖 31-4

第三段

（4）身體微右轉；右手握棍繼續向右掄
擺，並收至右腋下，左手舉於體側；目視右前
方。（圖 31-4）

圖 32-1

第三段

32. 提膝點棍

（1）重心左移，身體左轉；右手握棍使棍把下落並向前擺動，隨即左手接握棍身；目視前方。（圖 32-1）

153

圖 32-2

第三段

（2）身體右後轉，重心前移；雙手握棍使棍把隨體轉經前向上、向下擺動；目視前方。（圖 32-2）

圖 32-3

第三段

（3）身體微右轉；雙手握棍使棍梢經前向下、向後在體右側立圓擺動；目視前方。（圖 32-3）

圖 32-4

第三段

（4）重心移至右腿並獨立支撐，左腿屈
膝向上抬起，小腿內扣，腳面繃平；雙手握棍
使棍梢經上向前下方點棍，棍後部收至右腋
下；目視前下方。（圖 32-4）

圖 33-1

第三段

33. 撩棍蹬腿

（1）左腳向前落步，腳尖外展；同時，雙手握棍使棍梢經前向後擺動；目視前方。（圖 33-1）

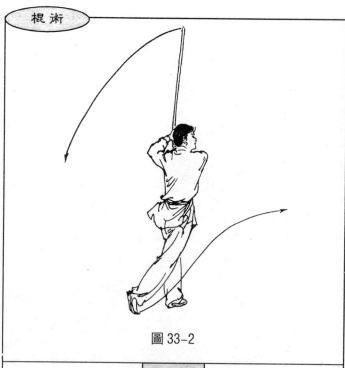

圖 33-2

第三段

（2）身體左轉，重心移至左腿；雙手握棍使棍梢經下向前、向上在體右側擺起；目視右前方。（圖 33-2）

圖 33-3

第三段

（3）左腿伸直並獨立支撐，右腿屈膝，
上抬，腳尖勾起，向前蹬出；雙手握棍經上向
後擺落，左手向棍梢方向滑握，棍身平置胸
前；目視右前方。（圖 33-3）

159

圖 34

第三段

34. 弓步戳把

　　右腳向右前方落步，屈膝半蹲，左腿伸直
成右弓步；雙手握棍使棍把直線向前方戳出；
目視右前方。（圖34）

圖 35-1

第三段

35. 虛步崩棍

（1）身體左轉，重心微前移，左腿微屈；右手向棍把位置滑握，雙手握棍使棍梢向前下方伸出；目視棍梢。（圖 35-1）

161

圖 35-2

第三段

　（2）重心移至右腿並獨立支撐，左腿屈膝，左腳貼靠右腿內側；右手握棍棍把微上抬，左手向後滑握；目視前方。（圖35-2）

圖 35-3

第三段

（3）右腿屈膝半蹲，左腳向前落步，腳尖點地成左虛步；右手握棍向右腰側回抽，左手向前滑握，棍梢高於肩；目視棍梢。（圖35-3）

圖 36-1

第四段

36. 弓步橫擊棍

（1）身體微左轉，重心上起，左腿屈膝，左腳上抬並收至右小腿內側；雙手握棍使棍梢在頭部上方經前向右、向後擺至左肩上方；目視前方。（圖 36-1）

圖 36-2

第四段

（2）身體右轉，左腳向左後方落步，腿伸直，右腿屈膝半蹲成右弓步；雙手握棍經左向前平擺，兩臂向前平伸；目視前方。（圖36-2）

圖 37-1

第四段

37. 轉身掄棍

（1）雙手握棍使棍身繞過頭部上方擺至右肩上方，棍梢隨之向後平移；目視左前方。（圖 37-1）

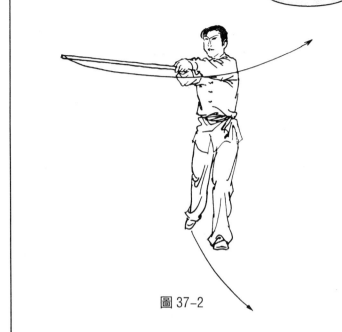

圖 37-2

第四段

（2）身體左轉，重心移至左腿，微屈膝；雙手握棍使棍梢經後向右、各左平掄；目視前方。（圖 37-2）

圖 37-3

第四段

（3）右腳向左前上步，腳尖內扣；身體
繼續左轉，雙手握棍隨體轉向左平掄。（圖
37-3）

圖 38-1

第四段

38. 插步掃棍

（1）身體向左後轉，左腳向斜後方退步；雙手握棍隨體轉經前向左平掄一周，棍身繞過頭部掄至右肩上方；目視左前方。（圖38-1）

169

圖 38-2

第四段

（2）左膝屈膝，右腳向左腳斜後方退步，前腳掌著地成右插步；上體左轉，雙手握棍使棍梢經右前下，向左上擺起，棍身擺至左肩上方；目視左前方。（圖 38-2）

圖 39-1

第四段

39. 換跳步掃棍

（1）身體右轉，右腳向前方上步，兩腿
微屈；雙手握棍使棍梢隨體轉經左向前下方擺
動，棍梢觸地；目視棍梢。（圖 39-1）

171

圖 39-2

第四段

（2）右腳蹬地跳起後屈膝後擺，左腿隨之屈膝向前擺起；雙手握棍繼續經右向後上方擺起。（圖39-2）

圖 39-3

第四段

（3）左、右腳依次向前落地；雙手握棍
使棍梢繼續經左向前下擺落，棍梢在右腳前方
觸地向右滑動，棍把收至右腋下；目視棍梢。
（圖 39-3）

173

圖 40-1

第四段

40. 上步點棍

（1）左腳向前上步，腳尖外展；身體左後轉，雙手握棍使棍梢隨體轉經右向左立圓轉動；目視棍梢。（圖 40-1）

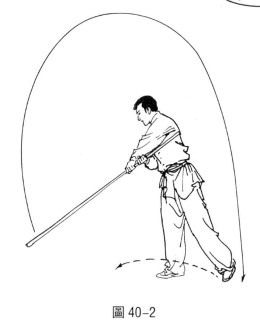

圖 40-2

第四段

（2）右腳向前上步；雙手握棍使棍梢經後向上、向前下擺落，棍梢觸地；目隨視棍梢。（圖 40-2）

175

圖 40-3

第四段

　（3）左腳向前上步，腳尖外展，上體向左微擰轉；雙手握棍使棍梢經前向上、向左後下方擺落，棍梢觸地；目視棍梢。（圖 40-3）

圖 41-1

第四段

41. 翻身仆步摔棍

（1）身體微右轉，右腳向前上步；雙手握棍使棍梢經後向上擺起；目視前方。（圖41-1）

177

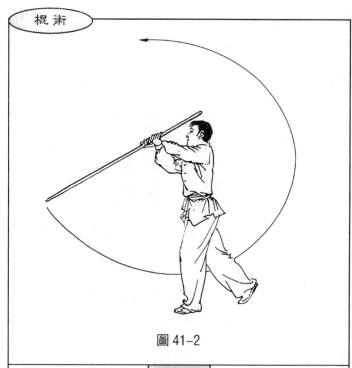

圖 41-2

第四段

　（2）左腳向前上步；雙手握棍使棍梢經
上向前下方擺動；目視前方。（圖 41-2）

圖 41-3

第四段

（3）身體右轉；雙手握棍使棍梢經下向上立圓擺起。（圖 41-3）

圖 41-4

第四段

　　（4）身體繼續右後轉，右腿屈膝向左後
上方擺起；雙手握棍使棍梢隨體轉向下擺動。
（圖 41-4）

圖 41-5

第四段

（5）身體繼續向右上翻轉，左腳蹬地跳起並屈膝後上擺；雙手握棍使棍梢向上擺起舉於頭部上方，棍梢低於棍把；目視前方。（圖41-5）

圖 41-6

第四段

（6）兩腳同時落地，左腳尖內扣，左腿向前伸直，右腿屈膝成左仆步；雙手握棍經上向前、向下摔棍至左腿內側，左手按壓於棍身，上體微前傾；目視前下方。（圖 41-6）

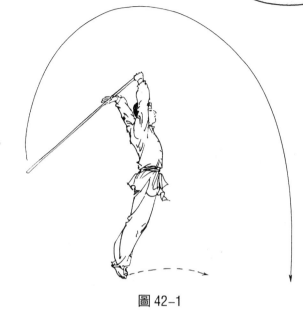

圖 42-1

第四段

42. 回身仆步摔棍

（1）重心上起並向右後轉，右腳回收貼靠左腳內側，前腳掌著地；雙手握棍，兩臂上舉於頭部上方；目視前方。（圖 42-1）

圖 42-2

第四段

（2）身體右轉，左腳向前落步，腳尖內扣，腿伸直，右腿屈膝成左仆步；雙手握棍經上向前下摔棍至左腿內側，左手按壓於棍身，上體微前傾；目視前下方。（圖 42-2）

圖 43-1

第四段

43. 弓步崩棍

（1）身體微左轉，重心前移，左腿微
屈；雙手握棍，兩臂前伸使棍梢向前貼地滑
出；目視棍梢。（圖43-1）

185

圖 43-2

第四段

（2）重心後移，身體微右轉，左腿伸
直，右腿屈膝成右弓步；右手握棍把向右腰側
抽拉，左手向前滑握棍身，向上崩棍；目視棍
梢。（圖 43-2）

圖 44-1

第四段

44. 插步絞棍

（1）重心左移，左腿微屈，右腳向左腳斜後方插步，前腳掌著地；左手鬆握棍身，右手握棍沿逆時針方向絞棍一周；目視棍梢。（圖 44-1）

圖 44-2

第四段

（2）腿部動作不變；雙手握棍繼續沿逆時針方向絞棍一周；目視棍梢。（圖 44-2）

圖 45-1

第四段

45. 轉身單手掄棍

（1）身體右轉，右腳向右前方上步，腳尖外展；右手滑推左手側，棍身置於左肩上方；目視斜前方。（圖 45-1）

189

圖 45-2

第四段

（2）身體繼續右轉，左腳向右腳前方繞
上步，腳尖內扣，兩腿微屈；雙手握棍隨體轉
平擺。（圖 45-2）

圖 45-3

第四段

（3）身體右轉，右腳隨體轉向右滑動落
步，左腿微屈；左手離棍，右手握棍使棍梢隨
體轉向右平掄。（圖 45-3）

圖45-4

第四段

（4）右手握棍使棍梢繼續經右向左、向後平掄一周。（圖45-4）

圖 45-5

第四段

（5）右腳向左腳內側上步並震踏，右腿屈膝支撐，左腳微離地面收至右腿內側；右手握棍使棍梢經右向後，向左上方擺起，棍身貼靠背部，左手收至右胸前，指尖向上；目視前方。（圖 45-5）

193

圖 46

第四段

46. 弓步背棍

左腳向左前方落步，左腿屈膝半蹲，右腿伸直成左弓步；右手體後背棍，左手向左前方推出；目視左前方。（圖 46）

圖 47-1

第四段

47. 轉身雲接棍

（1）重心移至右腿，左腳向右後方退步；左手經腹前收至右胸前；目視斜後方。（圖 47-1）

195

圖 47-2

第四段

　　（2）身體左後轉，重心移至左腿，右手握棍使棍把經右向前、向左擺起，左手隨體轉向左平擺，然後貼靠棍身。（圖47-2）

圖 47-3

第四段

（3）雙手握棍，兩臂上舉使棍把經後向
右上方擺起，棍身置於頭部上方。（圖 47-
3）

圖 47-4

第四段

　　（4）身體繼續左轉；雙手握棍隨體轉在頭部上方向後、向前平轉一周，左手接握棍身，右手離棍收至左肩前；目視前方。（圖47-4）

圖 47-5

第四段

（5）右腳向右前方上步，腳尖內扣，兩
腿微屈；左手握棍使棍梢經前向下、向後上方
擺動，棍身貼靠背後；目視右前方。（圖47-
5）

圖 48

第四段

48. 併步背棍亮掌

左腳向右腳內側併攏，兩腿直立；右手向
體右側擺起並翹腕亮掌，手心斜向下；目視斜
前方。（圖 48）

圖 49-1

第四段

49. 收勢

（1）右手在身體後面接握棍身；目視斜前方。（圖 49-1、1 反）

圖 49-1 反

第四段

反面圖

圖 49-2

第四段

（2）身體微左轉，左腳向前上步，右腳
緊跟向左腳內側併攏，兩腿直立；右手接握棍
使棍梢經後向下、向上擺起並屈肘收至右腰
側，棍身豎直，左手離棍下落於體左側，五指
併攏貼靠左腿外側；目視前方。（圖 49-2）

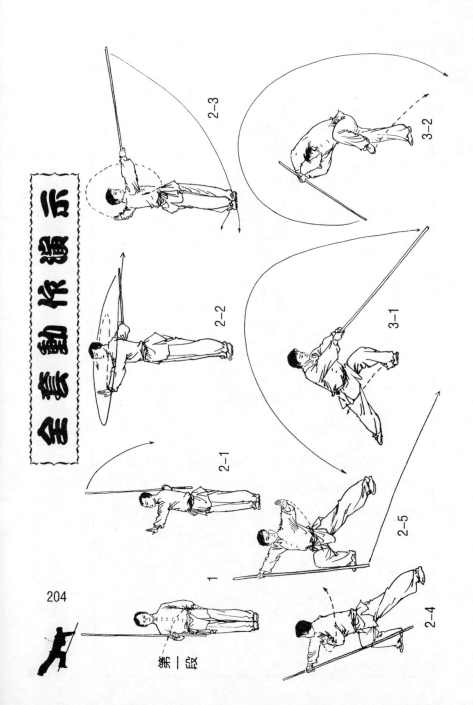

全套動作演示

第一段

204

2-1
2-2
2-3
2-4
2-5
3-1
3-2
1

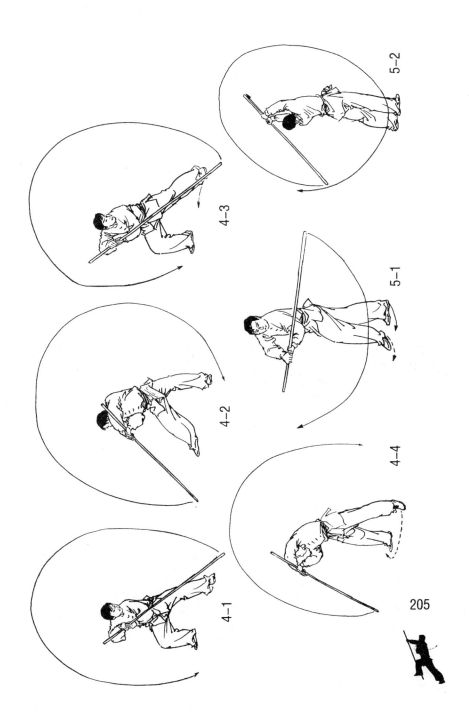

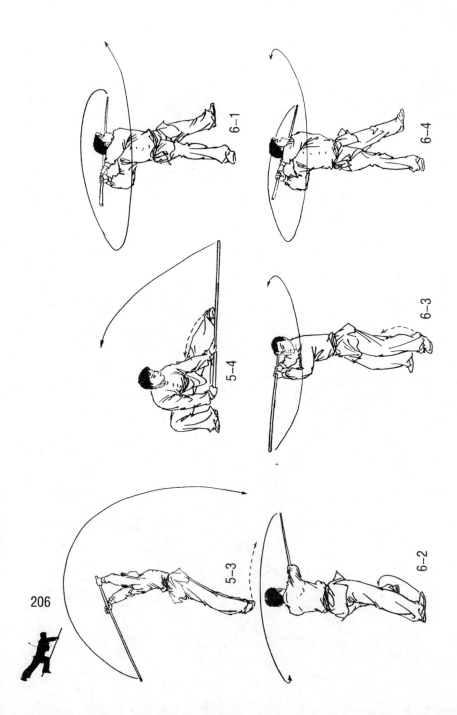

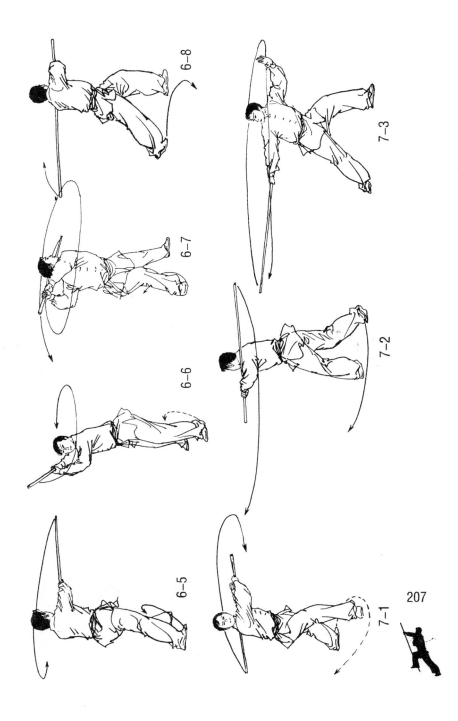

6-8

6-7

6-6

6-5

7-3

7-2

7-1

207

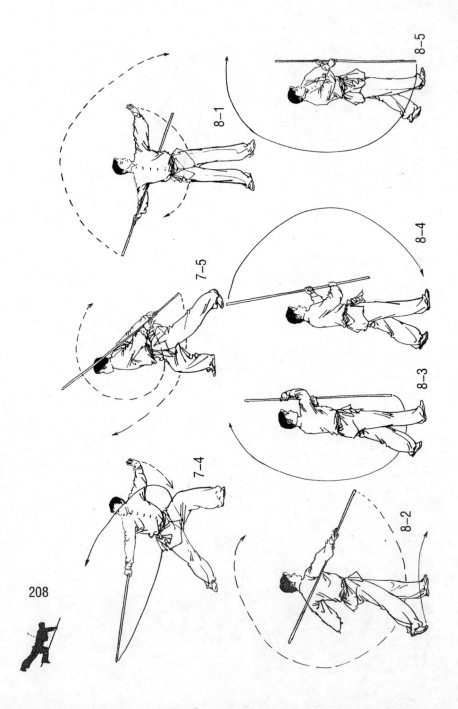

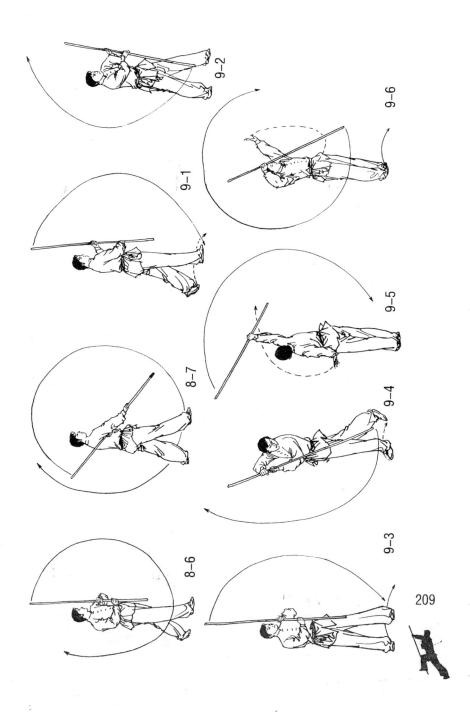

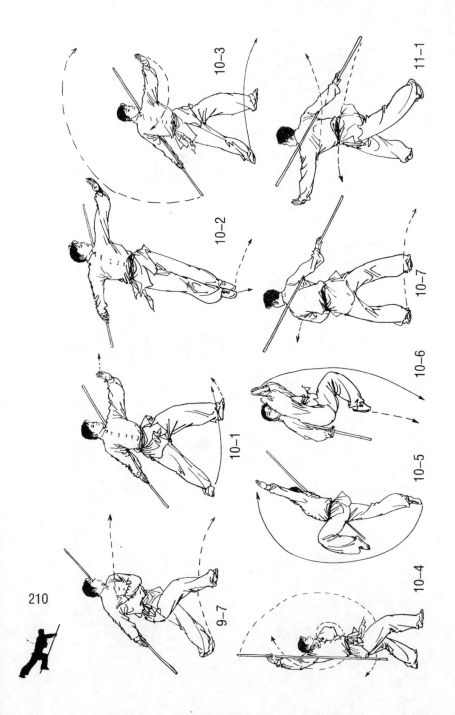

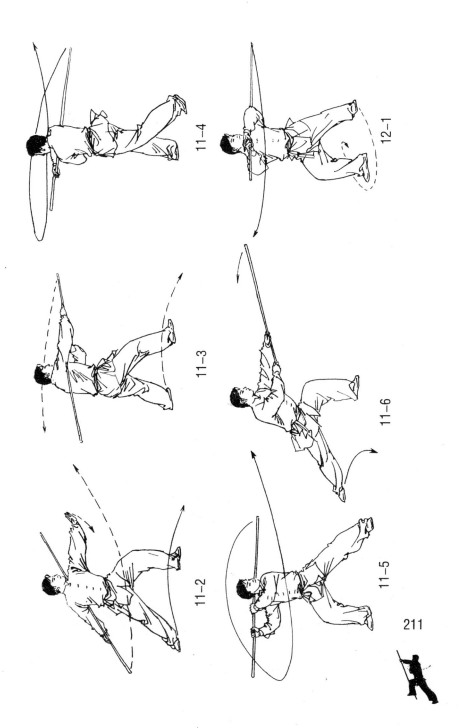

11-4

12-1

11-3

11-6

11-2

11-5

211

212

13-3

12-4

13-2

12-3

13-1

12-2

12-5

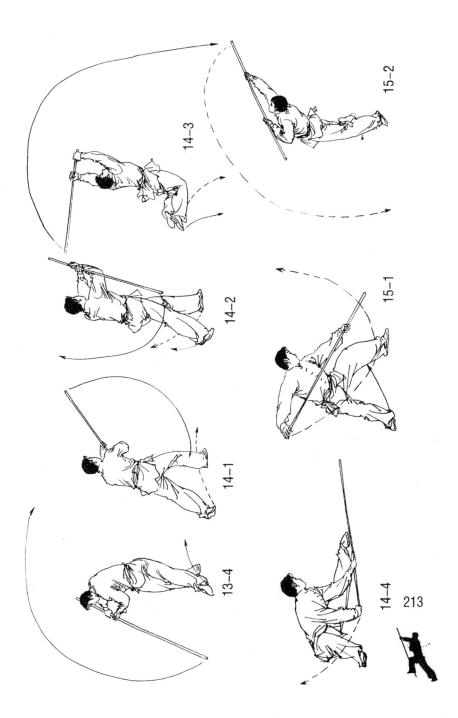

15-2

14-3

15-1

14-2

14-1

13-4

14-4

213

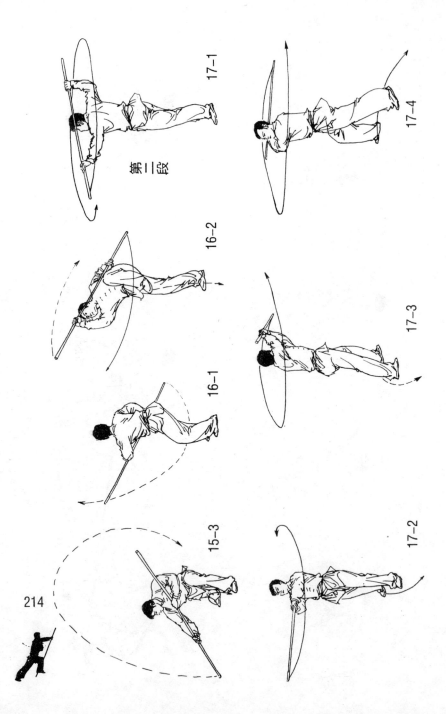

第二段

17-1

17-4

16-2

16-1

17-3

15-3

214

17-2

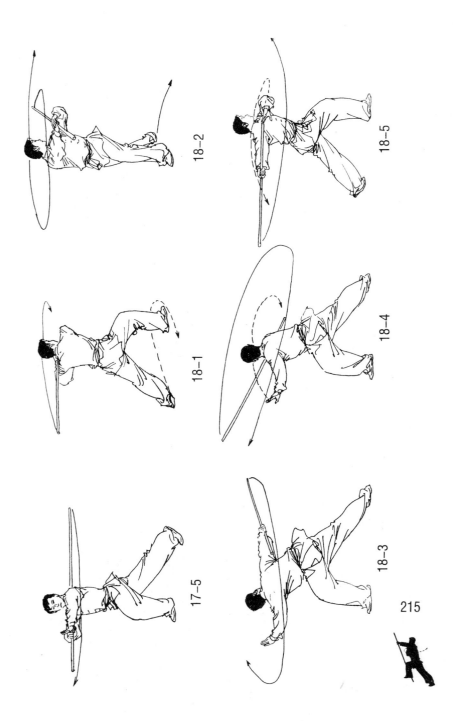

18-2

18-5

18-1

18-4

17-5

18-3

215

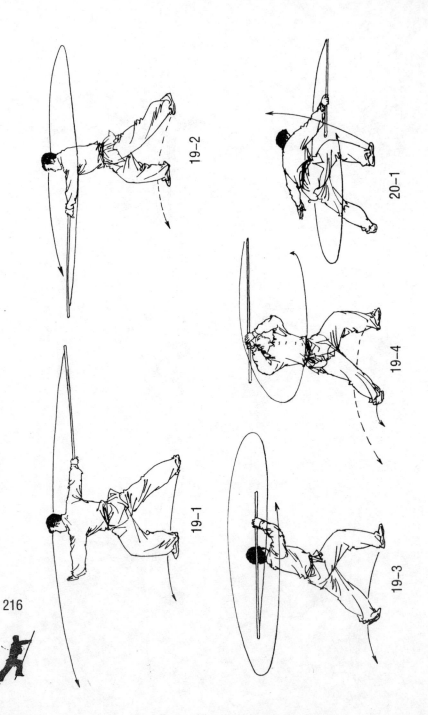

19-2

20-1

19-4

19-1

19-3

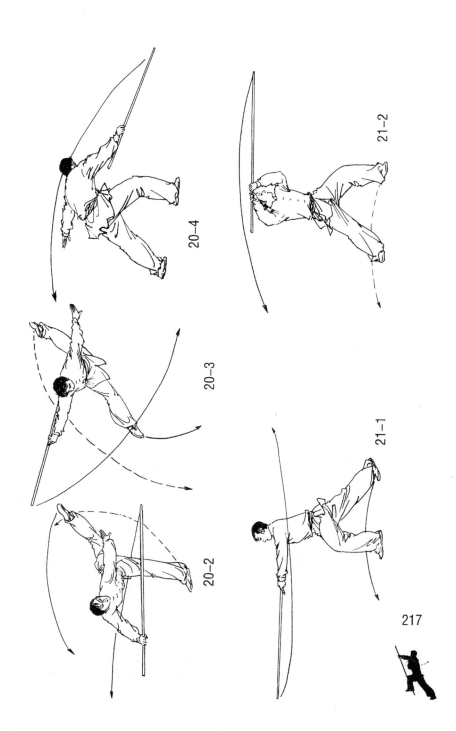

20-4

21-2

20-3

20-2

21-1

217

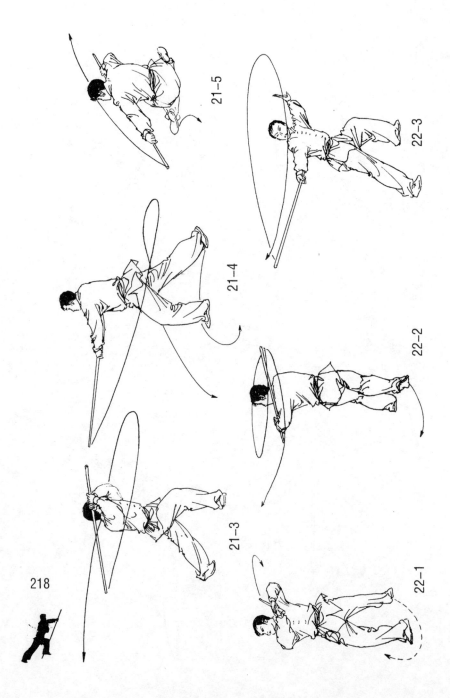

21-3

21-4

21-5

22-1

22-2

22-3

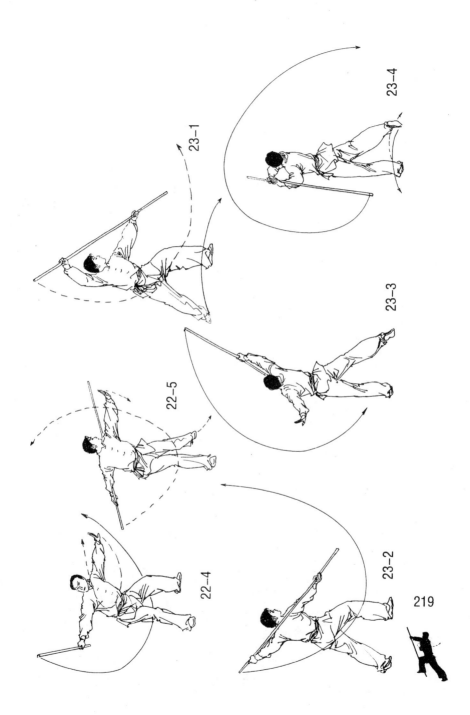

23-1

23-4

23-3

22-5

22-4

23-2

219

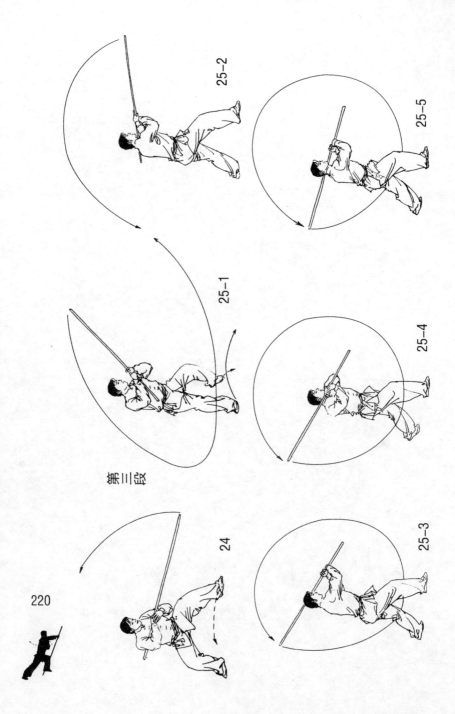

220

25-2

25-5

25-1

第三段

25-4

24

25-3

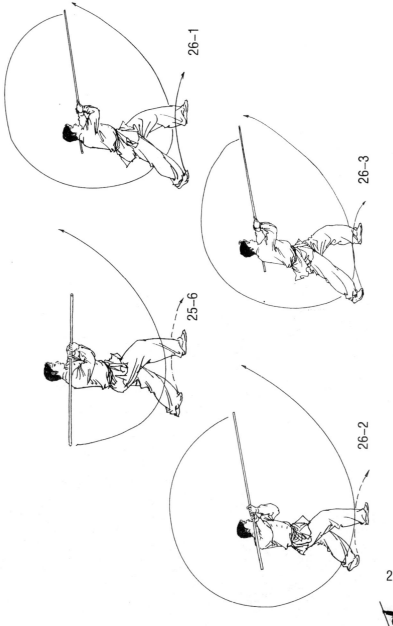

26-1

26-3

25-6

26-2

221

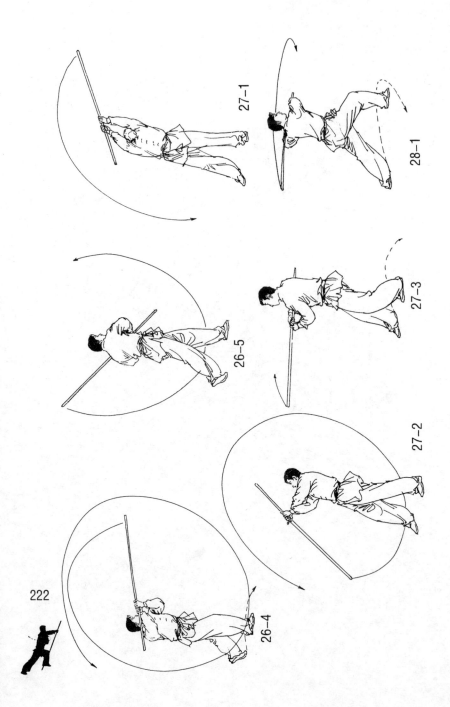

26-4

26-5

27-1

27-2

27-3

28-1

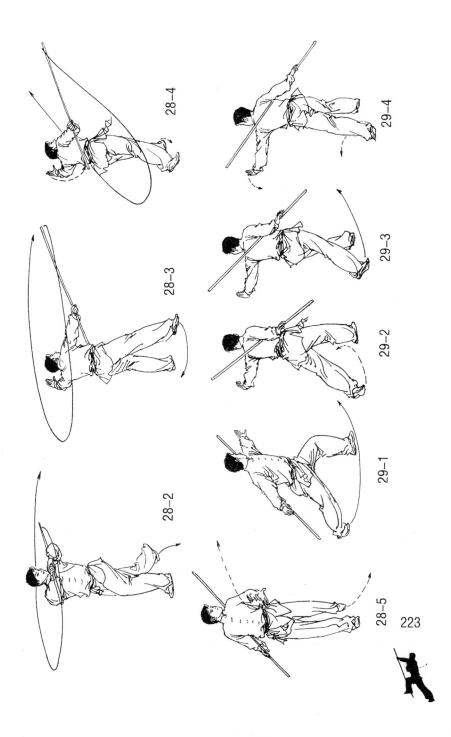

28-4

29-4

28-3

29-3

29-2

28-2

29-1

28-5

223

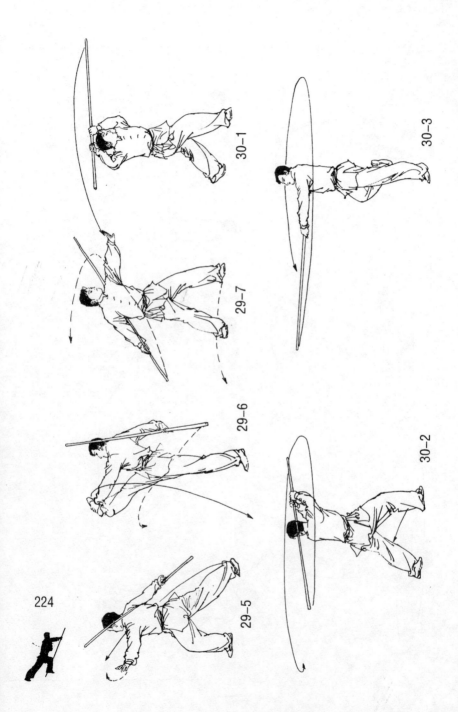

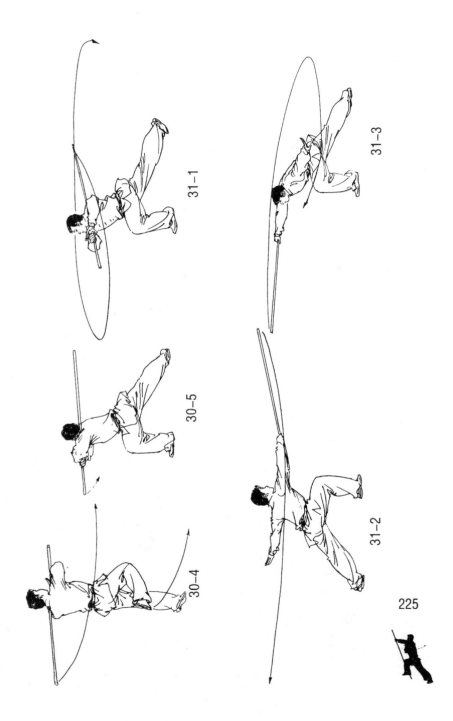

31-1

31-3

30-5

31-2

30-4

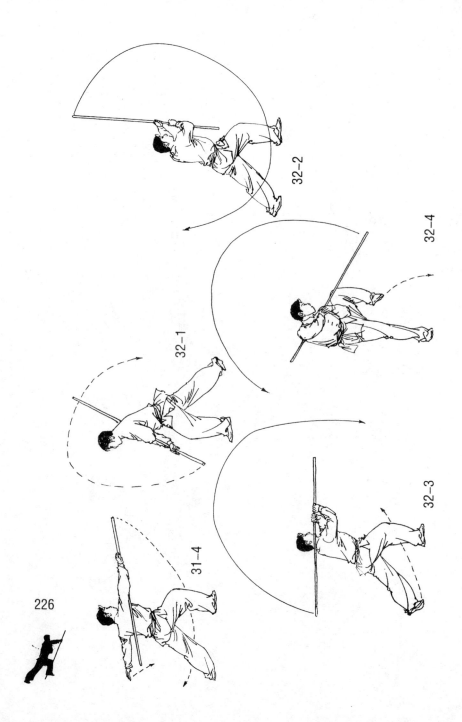

31-4

32-1

32-2

32-3

32-4

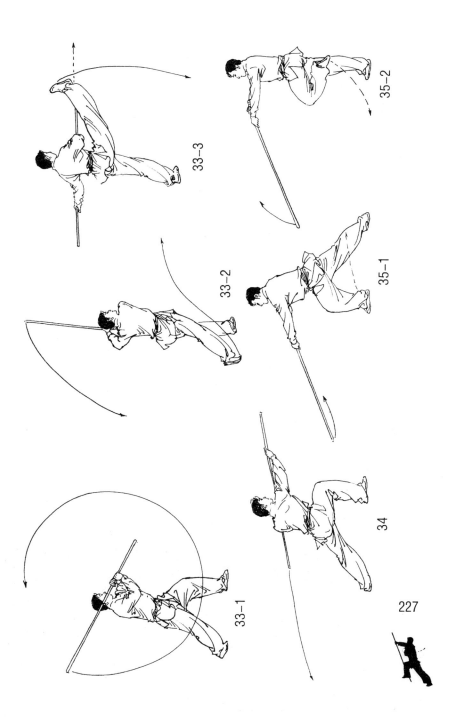

33-1

33-2

33-3

34

35-1

35-2

227

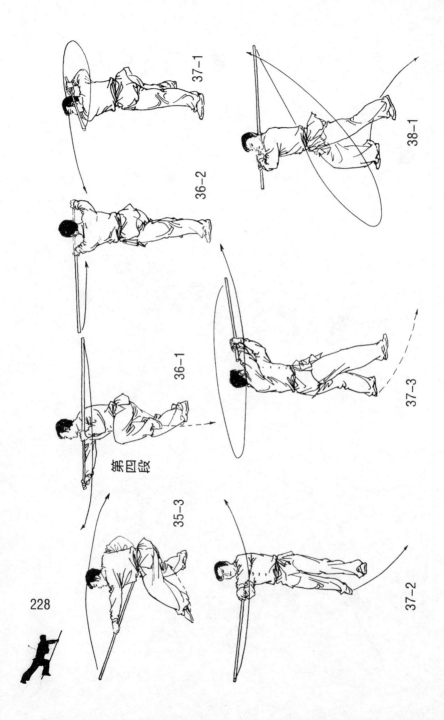

37-1

36-2

38-1

36-1

37-3

第四段

35-3

37-2

228

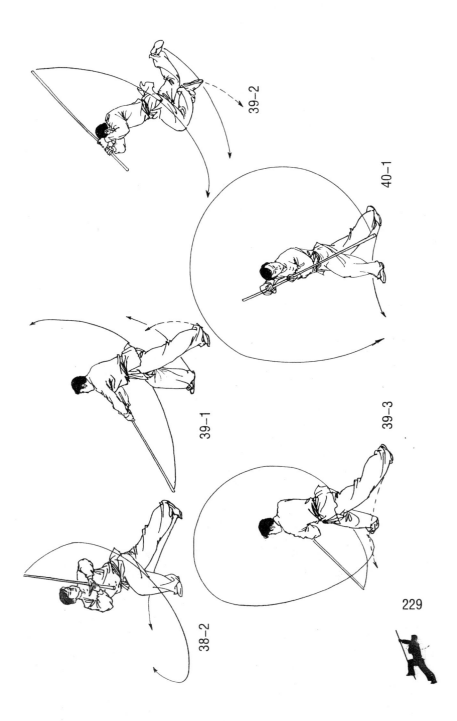

38-2

39-1

39-2

40-1

39-3

229

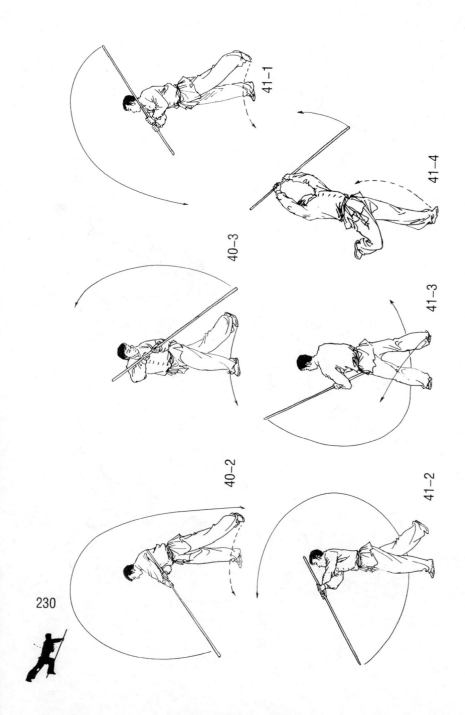

41-1

41-4

40-3

41-3

40-2

41-2

230

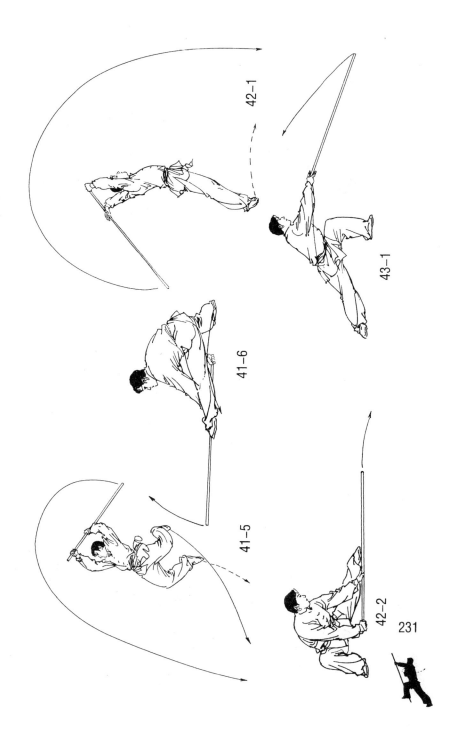

42-1

43-1

41-6

41-5

42-2

231

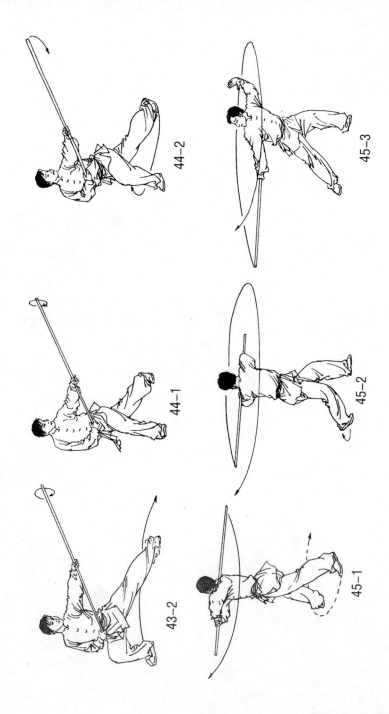

44-2

45-3

44-1

45-2

43-2

45-1

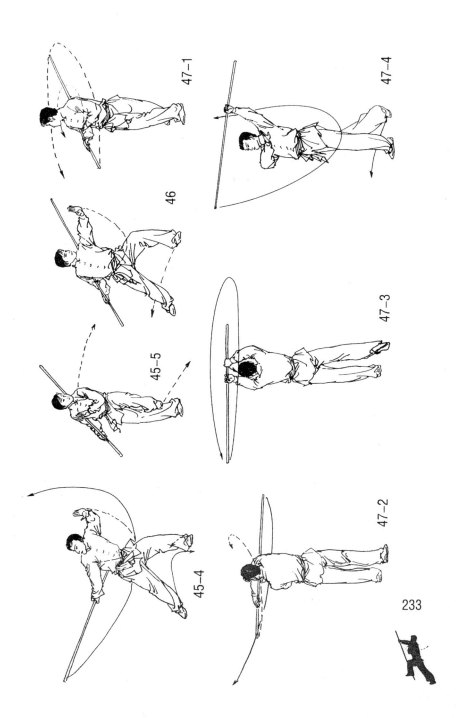

47-1

46

45-5

45-4

47-4

47-3

47-2

234

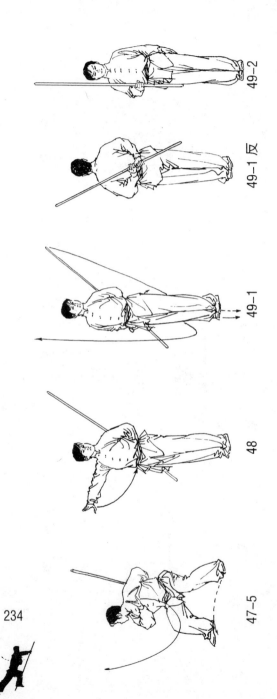

49-2

49-1 反

49-1

48

47-5

第一段　動作路線示意圖

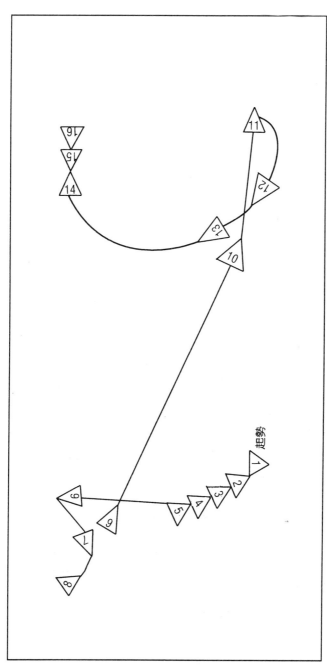

起勢

第二段 動作路線示意圖

236

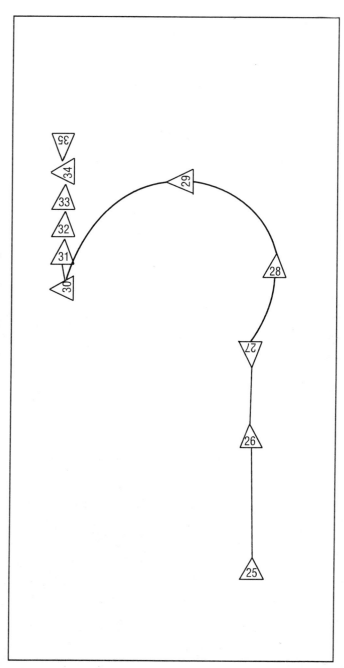

第三段　動作路線示意圖

第四段　動作路線示意圖

36
37
38
39
40
41
42
43
44
45
46
47
48
49
收勢

238

號次	彩 色 圖 解 太 極 武 術		定價	
1.	太極功夫扇	李德印　編著	220	元
2.	武當太極劍	李德印　編著	220	元
3.	楊式太極劍	李德印　編著	220	元
4.	楊式太極刀	王志遠　著	220	元
5.	精簡陳式太極拳	黃康輝　編著	220	元
6.	精簡吳式太極拳	柳恩久　主編	220	元
7.	24式太極拳＋VCD	李德印　編著	350	元
8.	32式太極劍＋VCD	李德印　編著	350	元
9.	42式太極劍＋VCD	李德印　編著	350	元
10.	42式太極拳＋VCD	李德印　編著	350	元
11.	陳式太極拳＋VCD	黃康輝　編著	350	元
12.	楊式太極拳＋VCD	宗維潔　編著	350	元
13.	吳式太極拳＋VCD	宗維潔　編著	350	元
14.	16式太極拳・劍＋VCD	崔仲三　編著	350	元
15.	楊氏28式太極拳＋VCD	趙幼斌　編著	350	元

國家圖書館出版品預行編目資料

棍術／李杰　主編　國際武術聯合會　審定　殷玉柱　執筆
——初版，——臺北市，大展，2003〔民92〕
面；21公分，——（國際武術競賽套路；5）
ISBN 957-468-261-7（平裝）

1.武術—中國
528.974　　　　　　　　　　　　　　　92016418

北京人民體育出版社授權中文繁體字版

棍　術

ISBN 957-468-261-7

主 編 者／李　　杰
審　　　定／國際武術聯合會
執　　　筆／殷 玉 柱
責 任 編 輯／鄭 小 鋒
發 行 人／蔡 森 明
出 版 者／大展出版社有限公司
社　　　址／台北市北投區（石牌）致遠一路2段12巷1號
電　　　話／（02）28236031・28236033・28233123
傳　　　眞／（02）28272069
郵政劃撥／01669551
網　　　址／www.dah-jaan.com.tw
E-mail／dah_jaan@pchome.com.tw
登 記 證／局版臺業字第2171號
承 印 者／高星印刷品行
裝　　　訂／協億印製廠股份有限公司
排 版 者／弘益電腦排版有限公司
初版1刷／2003年（民92年）12月

定　價／220元

大展好書　好書大展
品嘗好書　冠群可期